MÉMOIRE
PRÉSENTÉ
A MONSIEUR
DE BEAUHARNOIS,

Chevalier de l'Ordre Royal & Militaire de S. Louis, Gouverneur Général pour le Roi des Isles Françoises du Vent de l'Amérique, par le Conseil supérieur de la Martinique, en conséquence de son Arrêté ce

MONSIEUR,

NOUS ne rompons le silence sur le malheureux état de nos Colonies, que parce que la grandeur & l'extrémité de nos maux ne nous permettent plus de nous taire ; nous n'avons à vous parler que de vérités tristes, fâcheuses, désagréables, mais nécessaires pour conserver, s'il est possible, à l'Etat un peuple dont la fortune est précieuse au Commerce du Royaume, & au Roi des sujets dont la fidélité est supérieure à tous les malheurs ; pour développer avec quelque ordre ceux auxquels nous avons été en proie, il est nécessaire de les rappeller de plus loin.

La Guerre de 1744 trouva nos Colonies dans un état de prospérité, où elles n'étoient pas encore parvenues ; la culture du Caffé & son succès avoient amplement réparé la perte de leur Cacao, & le profit de cette culture qui avoit enrichi le Commerce, animoit l'activité presque incroyable de ses habitans.

Cette Guerre si glorieuse à la Nation par ses victoires devint funeste à nos Colonies par la foiblesse de notre Marine; l'Ennemi profitant de sa supériorité intercepta toutes nos Flottes, & la disette se fit bientôt sentir dans un pays qui est obligé de tirer d'ailleurs le fonds de ses vivres & de ses besoins. La nécessité de recourir à l'Etranger fit alors inventer un systême de Commerce dont les anciennes prospérités empêcherent d'abord de sentir les funestes effets. L'Etranger fut introduit avec des permiſſions qu'on lui vendit bien chérement, mais il s'en dédommagea bientôt ſur l'habitant ; on reſſentit alors les ſuites fatales de ce ſyſtême, & tout tendoit à une entiere ruine lorſque la paix ramena l'eſpérance & avec elle l'activité pour la culture que la miſere commençoit à faire abandonner.

A peine cette Colonie reſpiroit-elle, qu'un ouragan arrivé le 1er. Octobre 1753. la plongea dans de nouvelles horreurs. Des coups ſi aſſommants ne purent affoiblir le courage des habitans ſupérieurs à tant de maux ; un travail redoublé rétabliſſoit nos Campagnes & nos Manufactures ; la faveur de la paix rappelloit aussi leurs anciennes forces, lorsqu'en 1756 l'Angleterre attaqua notre Commerce par la force de sa Marine & le détruisit totalement.

Dans ces circonstances, Mr. de Bompar votre Prédécesseur, ordonna un détachement de 300 hommes de notre Milice pour se rendre à Ste. Lucie & y séjourner trois mois, au bout desquels un autre détachement devoit relever le premier. Tous les quartiers de cette Colonie y passerent successivement & furent ainsi successivement abandonnés par leurs habitans, de sorte que l'Isle se trouva à la fin totalement dévaſtée : un ouragan du 12 Septembre de cette même année acheva de détruire ce que cette corvée avoit épargné ; ce nouveau malheur joint à la perte de quantité d'habitans que cette tranſmigration avoit enlevée, & à la ruine de quantité de familles dont elle étoit la cauſe, jetta cette Colonie dans un entier découragement.

Le Commerce du Royaume nous ayant entiérement abandonné, on ne tarda pas à reſſentir les ſiniſtres effets de cette corvée par la rareté des vivres du pays dont elle avoit interrompu la culture ; c'eſt à cette époque que l'on peut fixer une diſette générale qui dégénéra bientôt en famine.

Pour y remédier on eut recours à l'introduction de l'Etranger & au systême fatal des permissions qu'on chargea d'un impôt de trois mille livres pour chaque bateau de quelque port qu'il fût, & en outre des droits du Domaine sur le même pied qu'on les exige à l'entrée de nos denrées dans le Royaume. Nous ignorons au profit de qui a tourné une imposition de cette nature; nous savons seulement qu'il n'appartient qu'au Roi de mettre des impositions sur ses sujets, & qu'il est défendu à qui que ce soit de lever des deniers sur le peuple, si ce n'est en vertu des Edits vérifiés dans les formes ordinaires; mais de quelque nature que fût cette impoſition, il eſt toujours vrai qu'elle a ruiné nos Colonies & les a conduites à deux doigts de leur perte, tant par elle-même que par les abus qui en ont été les ſuites.

A ce poids inſupportable on a ajouté en effet des conditions qui le rendoient encore plus lourd & plus peſant : d'abord ces permiſſions furent refuſées aux habitans ; cette qualité entraînoit une excluſion décidée, nous en ignorons les motifs ; elles ne furent accordées qu'à quelques Négocians choiſis, qui s'en ſervirent par eux-mêmes, ou par le canal deſquels elles paſſoient à l'Etranger que l'on ſurchargeoit encore d'une commiſſion de dix pour cent, au profit du Négociant de qui il tenoit la permiſſion.

C'eſt avec toutes ces charges que les choſes les plus néceſſaires à la vie parvenoient à l'habitant, mais elles ne ſuffirent pas à l'avarice. A la faveur d'un établiſſement déja ſi odieux, ces Négocians ſecrettement formés en Compagnies envahirent tout le Commerce de nos Colonies, le conſerverent dans leurs perſonnes, & par un monopole déteſtable ils mirent & aux vivres apportés par l'Etranger & à nos denrées les prix qu'ils vouloient, & ſur leſquels ils ne conſultoient que leur cupidité, ſans que perſonne s'aviſât d'y mettre un frein.

Nous rappellerons que dans ce tems-là il ſe préſenta ſucceſſivement quatre bâtimens venus d'Europe, chargés de vivres de toute eſpece & expédiés pour ces Colonies. Ils furent cruellement refuſés au milieu d'une diſette effrayante ; ils ſe retirerent à Saint Euſtache, & perſonne n'ignore que leurs cargaiſons vinrent ici en détail dans des bateaux, & qu'il fallut pour chacun d'eux une permiſſion. La crainte que des cargaiſons ſi conſidérables ne fiſſent tomber le prix où l'on avoit porté les vivres, avoit engagé les Négocians chargés de permiſſions d'avoir des Agents à St. Euſtache, par le moyen deſquels les permiſſions étoient filées, enſorte que la diſette pût en ſoutenir le prix. Eſt-il un pays ſur la terre qui n'eût pas ſuccombé ſous le poids de pareilles manœuvres? Nos Colonies ne tarderent pas à en être accablées; elles ne ſoutenoient qu'à peine dans leurs plus grandes proſpérités les impôts ordinaires; comment auroient-elles pu ſoutenir l'addition d'une charge infiniment plus peſante?

C'eſt dans cet état d'épuiſement, Monſieur, que vous les avez trouvées à votre arrivée; vous n'avez pas jugé à propos de rien changer à ce qui avoit été établi par votre Prédéceſſeur, & vous avez ſans doute ignoré le monopole criminel qui en étoit la ſuite.

De-là ces cris & ces clameurs que le peuple a élevé dans sa misere, portée à l'extrémité par un ouragan du 23 Août 1758, qui, en détruisant les vivres du pays a ravi au peuple son unique ressource, & l'a réduit au désespoir d'une famine cruelle qui a mis de niveau le Maître & l'Esclave, & a rendu le premier encore plus malheureux par l'impuissance de fournir la subsistance à l'autre.

C'est à ce point de misere que nous nous sommes trouvés réduits au moment même où nous étions menacés d'une invasion de l'Ennemi. Nous l'ignorions, car quoique dès le mois d'Octobre la Corvette du Roi *la*

Sardoise en eût porté l'avis, on le tenoit ſecret dans ce moment critique, par un ménagement que nous ne comprenons pas; vous envoyates à St. Euſtache le Vaiſſeau & les deux Frégates du Roi pour eſcorter une petite Flotte de 12 à 15 bateaux que l'on diſoit chargés de vivres; mais quel fut l'étonnement & la conſternation de cette Colonie, lorſqu'elle apprit que par un abus criminel de votre protection ces bateaux au lieu des vivres ſi néceſſaires, n'avoient apporté que des marchandiſes ſéches, propres ſeulement au luxe déſormais ſi déplacé?

Cependant l'ennemi avoit entendu ces cris, & il occupoit

déjà nos Mers pour intercepter tous les ſecours qui pourroient nous venir d'ailleurs. Les Gazettes font voir qu'il n'eſt venu nous attaquer que dans la confiance que notre miſere ébranleroit notre fidélité ; il ignoroit que le cœur démentoit les plaintes que la miſere arrachoit de la bouche, & que pour les François la mort eſt préférable à la perte de la Patrie.

Vous venez, Monſieur, d'en être le témoin. Une Nation orgueilleuſe, fiere d'un ſuccès qu'elle ne devoit pas attendre, enivrée de ſes forces, a cru nous ſoumettre à ſon joug ; elle a penſé qu'un peuple épuiſé de faim & de miſere ne feroit pas capable de lui résister ; elle a fondu sur nous dans le moment où nous ne nous y attendions plus : on publioit que l'Ennemi avoit changé de dessein, qu'il avoit divisé sa Flotte & qu'il la destinoit à d'autres projets ; tout le monde le crut, vous le crutes vous-même, & vous eutes de la peine à vous rendre au premier avis que vous reçutes qu'il paroissoit, de sorte qu'elle occupoit la Baie du Fort-royal, lorsque l'alarme l'annonça & qu'on ignoroit encore au vent de l'Isle qu'elle fût sur nos côtes.

En moins de trois jours l'Ennemi paroît, met à terre, se retranche & nous attaque ; mais de quoi lui sert tant de diligence &

l'avantage d'une ſurpriſe? moins de 600 hommes habitans aſſemblés à la hâte dans le plus grand deſordre & la plus extrême confuſion vont au-devant de lui, & ſans être effrayés ni de ſon nombre, ni de ſon feu, ni de ſon artillerie, diviſés par pelotons & placés au haſard, ils réſiſtent à plus de cinq mille hommes de troupes réglées, les repouſſent & les obligent de ſe renfermer dans leurs camps à l'abri de leurs retranchemens.

Cette fermeté a ſauvé notre Colonie qui touchoit au moment de ſa perte. Cependant tout y étoit en mouvement, chacun à travers des chemins impraticables couroit des extré-

mités

mités de l'Isle au lieu où le danger l'appelloit ; le nombre & la résolution des habitans parurent tels à l'Ennemi, qu'il prit soudain la résolution de s'embarquer ; vingt-quatre heures plus tard ils n'y étoient plus à tems, tous ces projets étoient éxécutés : il parut le 14 Janvier au vent de l'Isle ; le 15 il occupoit la Baie du Fort-royal ; le 16 il fit la descente ; le 17 il attaqua & fut repoussé, & la nuit du même jour à la faveur d'un feu qu'il continua pour cacher sa fuite, il se rembarqua laissant plus de 300 morts sur la place, emportant quantité de blessés & abandonnant une partie de son bagage. On se proposoit le lendemain de l'attaquer, mais le Dieu des armeés qui nous avoit ſoutenus contre ſes efforts ne vouloit pas nous le livrer; le 18 la Flotte ennemie fit route pour le bourg St. Pierre, elle en occupa la rade le 19, & diſparut le 20.

Des Relations plus détaillées apprendront au public tout ce qui s'eſt paſſé dans cette occaſion; nous n'en faiſons mention ici que pour en tranſmettre la mémoire à la poſtérité, & laiſſer à nos neveux l'exemple d'un courage héroïque & d'une fidélité inaltérable.

L'Ennemi ſe flattoit qu'il nous raviroit au moins nos Eſclaves; il n'imaginoit pas que des hommes écraſés & déja dans un état qui avilit l'ame & la laisse pour ainsi dire sans sentiment, fussent capables de résister à la faim & de rester fideles à des Maîtres qui étoient dans l'impuissance de les nourrir. Il s'est trompé ; nos Esclaves n'ont vu que leurs Ennemis dans les nôtres ; ils se sont présentés avec le zele le plus ardent pour les combattre & pour les détruire, & ce qui est aussi surprenant qu'admirable dans un peuple d'hommes livrés à la servitude, il ne s'est pas trouvé un seul transfuge, tous ont été animés de l'esprit de leurs Maîtres, parce qu'ils ont puisé dans l'humanité qui les caractérise le modele d'une fidélité inaltérable.

Vous connoissez, Monsieur,

le peuple ſur lequel le Roi notre Maître vous a établi & qu'il a confié à vos ſoins : il y a plus de 40 années qu'il eſt calomnié & diffamé auprès de Sa Majeſté & de ſes Miniſtres ; on le repréſente comme un peuple volage, audacieux, rebelle, toujours prêt à ſe ſouſtraire à l'autorité du Gouvernement ; on pouſſe l'injure juſqu'à lui donner le titre de Républicain ; nous ne pénétrons pas dans les motifs ſecrets de ces calomnies, nous en appellons aux marques éclatantes de fidélité & d'amour que nous avons données à notre Souverain dans tous les tems & dans toutes les occaſions.

L'infraction de nos privileges,

l'aviliſſement de tous les états, les humiliations les plus affligeantes, l'inutilité de nos plaintes, la privation de cette honnête liberté de citoyen, dont tous les autres ſujets jouiſſent à l'abri des Loix ; rien ne nous a jamais ébranlé. La corvée pour l'Iſle de Ste. Lucie, ordonnée en 1740 par Monſieur de Bompart, quelque inſupportable & quelque ruineuſe qu'elle fût, ne trouva qu'une profonde ſoumiſſion. Plus de 600 hommes de cette Colonie abandonnerent leur famille, leur fortune, leur patrie pour ſuivre Monſieur le Marquis d'Antin, ſans s'informer dans quel lieu de la terre le Roi avoit beſoin de leurs ſervices.

Tant de traits marqués de zele & d'obéiſſance n'ont rien pu contre la calomnie ; le dernier étoit ſans doute celui que nous réſervoit la Providence pour donner à l'Univers l'exemple d'un peuple dont la fidélité eſt ſupérieure à la faim, à la miſere, aux humiliations, & qui abandonné & ſans ſecours, a repouſſé l'Ennemi puiſſant qui a cru devoir ſaiſir pour l'attaquer des circonſtances auſſi critiques.

Nous eſpérons, Monſieur, de votre juſtice, que c'eſt ſous celui-ci que vous nous peindrez à Sa Majeſté, & que vous porterez au pied de ſon Trône les beſoins de ce peuple, & les ſecours qu'il réclame & qu'il a droit d'attendre de sa protection.

Désabusez, s'il vous plaît, la Cour de l'idée qu'on lui a donné que ces Colonies peuvent se suffire à elles-mêmes ; l'expérience en démontre la fausseté ; ce sont des idées peu réfléchies que l'on n'adopte que parce qu'elles tranquillisent sur les soins inquiétans de pourvoir à ce qui nous manque ; nos terres pourroient peut-être suffire à nous nourrir, si abandonnant nos Manufactures, nous ne nous occupions que de la culture des vivres tels que le pays peut les produire ; mais dès-lors nous deviendrions inutiles au Commerce du Royaume, & nous cesserions de remplir le principal objet de ces établiſſemens. D'ailleurs, qui peut ignorer les ravages cruels des ouragans preſque annuels en Amérique ? nous en avons eſſuyé trois en cinq années. La farine de Maynoque dont le prix ordinaire eſt de 15 à 20 liv. a monté juſqu'à 60 liv. le baril, & vous n'avez pas ignoré que des quartiers entiers de cette Iſle ont été réduits à ſe nourrir des cœurs de bananier dont la violence de l'orage à fait périr tout le fruit. Nous devons ajouter que la perte des Eſclaves eſt une ſuite funeſte d'une nourriture ſi extraordinaire ; cette perte irréparable dans les circonſtances préſentes a ruiné nos Manufactures, & cette ruine a été suivie de celle du Commerce dont elles sont l'aliment. Daignez vous faire représenter, Monsieur, les dénombremens du Domaine depuis six années: comparez-les à ceux de l'année présente, & vous serez effrayé du nombre des Esclaves que cette Colonie a perdu. La destruction des bestiaux auxquels l'habitant est obligé de recourir pour ne pas mourir de faim, est encore un malheur dont les suites sont très-périlleuses; cette ressource nous manquera au moment où nous en aurons le plus de besoin & dans le tems pour lequel elle devoit être réservée.

A peine sommes-nous rassurés ſur notre danger, que nous reſſentons les alarmes les plus cruelles au ſujet de la Guadaloupe ; l'Ennemi en nous quittant eſt allé fondre ſur cette Colonie qui nous eſt ſi chere, & dont le ſort nous intéreſſe ſi vivement ; les progrès & les dévaſtations qu'il y fait nous étonnent & nous affligent moins que ces propoſitions injurieuſes, comparées avec l'état malheureux des habitans dont la ſituation nous fait trembler ; quel que ſoit le courage, il a des bornes que la nature & l'humanité réclament.

Voilà, Monſieur, l'extrémité où nous a conduit le ſyſtême funeſte des permiſſions, & les injuſtes couleurs dont on a affecté de peindre nos Colonies. Elles en ſont ébranlées, & quelque affligeant que ſoit pour vous le tableau que nous mettons ſous vos yeux, le danger qu'elles courent eſt tel qu'il ne nous eſt pas permis de ne pas vous le faire appercevoir. Nous ne pouvons auſſi nous diſpenſer de vous dénoncer les monopoles qui ſont les ſuites de ce ſyſtême. Nous devrions ſans doute informer contre les coupables & les faire au moins trembler par la crainte des juſtes peines qu'ils méritent ; mais il eſt des tems & des circonſtances où la prudence arrête l'activité des Loix & laiſſent à l'autorité du Gouvernement le ſoin de pourvoir au bien public.

Pour faire ceſſer des pratiques ſi criminelles & ſi dangereuſes, nous ne connoiſſons pas d'autre moyen que celui qui les auroit prévenu, c'eſt-à-dire, d'ouvrir nos ports à l'Etranger neutre, comme ils le ſeroient aux Régnicoles. L'appas du gain lui fera franchir tous les dangers; délivré du joug des permiſſions il ſera en état de vendre les vivres à meilleur marché; nos denrées prendront peut-être un prix plus favorable; l'habitant devenu plus aiſé pourra aider les malheureux; nos Manufactures ſe rétabliront, & au retour de la paix elles ſe trouveront en état de fournir au Commerce du Royaume.

Ce moyen que nous vous indiquons ne peut être efficace qu'autant que par votre autorité vous dissiperez toutes ces associations pernicieuses qui rétrecissent notre Commerce, qui en font passer les profits à quelques Particuliers au préjudice des autres, & qui portent nos vivres & nos denrées à des prix si énormes.

Si la Providence s'est servi du courage de ce peuple pour nous délivrer de l'Ennemi étranger ; votre prudence nous délivrera de l'Ennemi domestique qui se remontre au moment que l'autre disparoît. Le peuple en est alarmé & réclame comme nous l'autorité royale dont vous êtes revêtu : cette autorité que nous respectons comme émanée de Dieu & que nous aimons comme la source de tous nos biens, est notre unique ressource dans nos maux; elle n'en doit laisser aucune à la cupidité ; le danger ne sauroit être plus pressant; la premiere Loi de tous les Etats est le salut du peuple ; tous les moyens de le procurer sont justes, permis & nécessaires. Ce peuple a triomphé de l'Ennemi, faites-le triompher de la famine.

Nous vous remettons ce Mémoire, Monsieur, & nous vous supplions de le faire parvenir à

Sa Majesté, afin qu'elle sache que notre fidélité est supérieure à nos malheurs, & qu'inviolablement attachés à notre Patrie nous ne reconnoîtrons jamais sur la terre d'autre autorité que celle de Dieu & du Monarque bien aimé qu'il nous a donné. FAIT au Conseil supérieur de l'Isle de la Martinique, le septieme jour de Mars mil sept cent cinquante-neuf.

www.ingramcontent.com/pod-product-compliance
Ingram Content Group UK Ltd.
Pitfield, Milton Keynes, MK11 3LW, UK
UKHW020520230726
13925UKWH00005B/2205

9 782014 113969